AF285376

ANLEITUNG:
DER FLOTTE
DREIER

VON INANNA LING

WARUM GERADE DAS BUCH?

Ich begann, dieses Buch zu schreiben, nachdem ich bereits zahlreiche Onlineseminare zum Thema „Flotter Dreier" gegeben hatte und meine Tipps mir wie frische Brötchenaus den Händen gerissen wurden. Das Feedback sowie die Nachfrage der Zuschauer stieg mit jeder Veranstaltung und ich befürchtete, die Lust nach Wissen kaum noch stillen könnte. Da kam mir die spontane Idee, die grundlegenden Inhalte in einem kleinen Büchlein zusammenzufassen.

Dank meinem Mann und meinem Lektor, der sich von dem Thema nicht abschrecken ließ, kann ich diese 1. Auflage nun so schnell veröffentlichen. Wenn bei Dir, liebem Leser oder lieber Leserin, neue Fragen auftauchen, schreib mir an mail@inanna-ling.de und ich werde die Antworten in der nächsten Auflage in diesem Buch vervollständigen.

DER FLOTTE DREIER

Anleitung für Anfänger und Fortgeschrittene

VON INANNA LING

Bibliografische Information der Deutschen Nationalbibliothek:
Die Deutsche Nationalbibliothek verzeichnet diese Publikation in
der Deutschen Nationalbibliografie; detaillierte bibliografische
Daten sind im Internet über http://dnb.dnb.de abrufbar.

Erstauflage Dezember 2021

© 2021 Inanna Ling

Bild Umschlag © istockphoto.com/stock_colors

Herstellung und Verlag: BoD – Books on Demand, Norderstedt

ISBN: 978-3-7557-3473-4

INHALTSVERZEICHNIS

VORWORT

Die Pornoindustrie würde ohne Dreier über die Hälfte ihrer Filme und Kunden verlieren. Die Fantasie vom Dreier ist eine der meistverbreiteten, zugleich aber auch eine der am schwersten umzusetzenden. Wer es schafft, die Fantasie zu verwirklichen, ist vom ersten Mal meist enttäuscht: Es scheint irgendwie so, als ob zwei sich beschäftigen und der Dritte nur auf seine Gelegenheit wartet. Falls sich aber doch zwei um den Dritten kümmern, fühlt sich die empfangende Person überfordert, weil der Genuss durch ständig wechselnde Berührungen zu kurz kommt. Der Kopf kann nicht abschalten, weil er sich nur auf eine Berührung konzentrieren kann und die des anderen meist als störend empfindet.

Aber wie kann man diesem Dilemma entgehen?
Wie kommt man zu dritt zu echtem Genuss? –
Das beschreibe ich in diesem Buch.

- Schatz, willst du am Gruppensex teilnehmen?

- Wer ist alles dabei?

- Du, ich und der Nachbar.

- Nein, Danke.

- Ok, dann streichen wir dich von der Liste.

DAS ERSTE MAL

Ich war gerade 19 geworden, als meine Freundin mich darauf ansprach: Hast du Lust auf einen Dreier?
Wie, schaute ich überrascht, gibt es einen Mann, der mitmacht?

Ja, ich sprach letztens mit meinem Freund über unsere Fantasien und er sagte, dass du sehr offen seist und eine offene Frau dafür zu finden, sei schwieriger, als einen Mann.

Ich war geschmeichelt und meine Neugier und Aufregung stiegen ins Unermessliche.
Zu der Zeit kannte ich keine Pornofilme und hatte null Orientierung, wie es werden würde. Ich malte es mir im Kopf aus, aber einen konkreten Plan hatte ich nicht. Sie werden bestimmt wissen, wie es geht, dachte ich. Als wir das Vorspiel begannen, hatte ich das Gefühl, das fünfte Rad am Wagen zu sein. Sie beschäftigten sich zu zweit und ich wusste nicht, wen ich berühren, geschweige denn, wie ich meine eigene Befriedigung bekommen sollte. Ich bin doch keine Spielverderberin, dachte ich, es wird schon werden. Aber der Junge war auch unerfahren und nachdem er kam, war seine Energie schon verbraucht. Wir wussten nicht, wie und was wir weiter anstellen könnten. Also beendeten wir enttäuscht dieses Experiment und amüsierten uns darüber.

DAS ZIEL DES DREIERS

Selbstverständlich wollen wir beim Dreier unsere Lust verdreifachen und unsere Bedürfnisse so ausleben, wie wir es uns in unserem Kopf vorstellen. Das Ziel ist klar und sehr reizend, aber die Realität sieht meistens anders aus. Egal, ob MMF (Mann, Mann, Frau) oder FFM (Frau, Frau, Mann), gestaltet sich das erste Dreier-Erlebnis aufgrund der mangelnden Erfahrung ähnlich wie in der Geschichte. Statt die Energie aller drei zu verschmelzen, fühlt sich eine/r isoliert und wartet auf ihre/seine Gelegenheit. Es fühlt sich an wie die Verbindung von zweien in Anwesenheit eines/r Dritten.

Was wäre, wenn wir es schaffen könnten, tatsächlich unseren Genuss damit zu verdreifachen – körperlich wie seelisch?

Was wäre, wenn sich ein Ganzkörperorgasmus auf alle drei wie eine einzelne Einheit ausbreiten könnte? Wenn der Orgasmus nicht nur auf eine Ejakulation oder vorzeitiges Kommen beschränkt, sondern sich auf alle Drei gleichzeitig als etwas Wunderschönes ausbreitet – mit oder ohne Erektion? Ist das überhaupt möglich?

Ja, das ist es! Für die Erklärung greife ich in die Tantra-Kiste und beleuchte die wichtigsten Grundlagen für ein Erlebnis zu dritt. Ganz gleich, ob du schon einen Dreier hattest oder nicht – hier erfährst du das Rezept dafür. Die Variationen davon sind dann deiner Fantasie überlassen.

DIE WICHTIGSTEN ZUTATEN

Ob nun MMF oder FFM – egal in welcher Kombination, für alle diese Ausführungen gelten gemeinsame Regeln und gemeinsame Grundlagen, um die Lust zu verstärken. Aber es gibt auch spezifische Vorgehensweise jeweils für FMM und FFM, die ich separat für die jeweilige Kombination an den entsprechenden Stellen beschreibe.

Zuerst die wichtigste Regel für alle Ausführungen, die vor allem für Paare gilt. Diese Verhaltensregeln habe ich nicht erfunden, sondern sie stammen aus der Tantra-Lehre, die ich als „Physik der Sexualität" bezeichne.

Da ich als Tantra-Lehrerin diese Lehre nicht nur vermittle, sondern auch selbst lebe, bekommt ihr von mir bereits mehrfach getestete Tipps sowie einige Beobachtungen dazu, die ich bei verschiedenen Veranstaltungen in der Swinger-Szene anstellen konnte. Diese Grundregeln gelten universell für alle sexuellen Vorhaben. Einige Variationen davon konnte ich sogar schon in einer BDSM-Session testen.

Es gibt beim Sex hundertprozentiges Geben oder hundertprozentiges Nehmen. Was heißt das? Wenn du gestreichelt wirst, genießt du es in vollen Zügen und zeigst somit, was dir gefällt und was nicht. Unser Gehirn ist so angelegt, dass du tatsächlich nicht beides kannst oder zumindest nur teilweise. Wenn du gerade wie bei einer Massage zu 100 Prozent nur auf Empfang bist, kannst du auch 100 Prozent empfangen. Wenn du aber gleichzeitig den anderen zurück streichelst, dann kann er auf deine Berührungen schlecht reagieren und seiner Berührung bei dir weniger Betonung geben. Die Aufmerksamkeit und somit der Genuss wird aufgeteilt. Das Schönste dabei ist aber, wenn du loslassen kannst und nur Empfangen oder Geben genießt. Wenn du mit einem genüsslichen Atem, einem Stöhnen oder einer Körperbewegung zeigen kannst, was deine Lust steigert und was nicht. Der Gebende fühlt diese Reaktion, kann sich dir anpassen und will automatisch noch mehr davon herauslocken.

Ich vergleiche es gern mit einem Geschenk. Stell dir vor, du hast für deine/n Partner/in ein Geschenk vorbereitet. Du hast sehr lange danach gesucht, dir viel Mühe bei der Verpackung gegeben, die richtigen Worte bereitgelegt, mit denen du das Geschenk übergibst. Dann kommt der Tag X, du bist aufgeregt. Wie wird sie/er darauf reagieren? Du stellst es hin und wartest auf eine Reaktion. Dein/e Partner/in wirft einen kurzen Blick darauf und sagt gleichgültig Danke oder: „Ich habe aber leider nichts für dich vorbereitet." Als ob du das erwartet hättest! Nein, deine Freude war nur darauf ausgerichtet, ihm oder ihr einen Gefallen zu bereiten und dann kommt das zurück. Es ist wie ein Schlag ins Gesicht. So ist es auch beim Sex: Du gibst dir Mühe, um eine Reaktion beim Partner hervorzurufen, aber es kommt nichts oder nur wenig zurück, weil der andere abgelenkt ist und sich eben nicht voll hingebend kann. Es ist, als ob du eine Puppe streichelst, die sich nicht bewegt oder die sich nicht freuen kann. So ist es auch, wenn du sie/ihn berührst und sofort eine Berührung zurückerhältst. Du fragst dich wahrscheinlich, was daran schlimm sein soll, wenn eine Berührung sofort erwidert wird. Es ist nicht schlimm, nur genussraubend. Die Befriedigung, die aus der Bestätigung entspringt, dass von der anderen Seite auch etwas zurückkommt, ist klein und kurzfristig. Aber ehrlich, Hand aufs Herz, steigert es auch deine Lust? Kannst du es voll genießen? Deswegen gibt es beim Tantra die Grundregel der 100 Prozent. Entweder du nimmst oder du gibst zu 100 Prozent, ohne Wenn und Aber.

Überreichst du deinem/r Partner/in ein Geschenk und er oder sie beginnt, vor Freude zu strahlen, willst du doch nur noch mehr schenken, oder? Denn diese Freude erfüllt dich und signalisiert dir, dass du einen

Volltreffer gelandet hast. Die Reaktion gibt dir mehr Energie zurück, als dich die Organisation oder Vorbereitung des Geschenkes gekostet hat.

Wenn einer sich hingeben und der andere loslassen kann, ist es ein ähnliches Gefühl. Beide spüren eine tiefere Befriedigung. Dann tauschen sie und die andere Seite gibt zurück. Allein durch diesen simplen Hinweis kannst du von nun an in jeder Situation deinen Genuss erhöhen. Das Prinzip funktioniert nicht nur beim Sex und bei Geschenken, sondern auch bei Gesprächen, wenn eine/r redet und der/die andere zuhört. Wenn beide auf gleichzeitiges Senden und Empfang eingestellt sind oder nur zuhören, um darauf zu warten, dass sie endlich mit reden dran sind, geht die Hälfte der Informationen verloren. Die 100-Prozent-Regel bedeutet nicht, euch in einem 50/50-Verhältnis aufzuteilen, sondern jeder bekommt 100 Prozent einer Seite derselben Medaille.

Ein Dreier folgt dem gleichen Prinzip: Nur hier geben zwei und einer empfängt. Sobald die dritte Person gesättigt ist, gibt sie ein Zeichen, um die Rollen zu tauschen. Keine Angst, dieser Moment kommt. Niemand will die ganze Zeit liegen bleiben, wenn Energie in ihm aufsteigt. Sie will raus und der Impuls dafür kommt von ganz allein. Der eine will vielleicht mehr empfangen und der andere ist schneller bereit zu geben – es ist von einer Person zur anderen sehr unterschiedlich.

Inanna Ling

REGEL NR. 2: RESONANZ FÜHLEN

Diese Regel gilt für Gebende. Wer gerade gibt, sollte immer auf die Reaktion seines Partners achten und dadurch seine Berührungen anpassen. Es gibt nichts Schlimmeres beim Sex, als wenn einfach eine Art Berührungsprogramm technisch abgearbeitet wird. „Zuerst berühre ich die Hände, dann die Brüste, dann zwischen den Beinen und dann muss sie laut Anleitung aus dem Internet über erogene Zonen schon an angeturnt sein." – Das ist völliger Quatsch. Ebenso schlimm und lusttötend kann die Frage sein: „Gefällt es dir?"

Wenn du nach Bestätigung suchst, beobachte die körpersprachlichen und nonverbalen Reaktionen deines/r Partners/in. Wenn du dir die Resonanz anschaust und du beginnst, mit dem Körper zu verschmelzen, den du berührst, dann benötigst du keine Worte mehr. Ihr sprecht miteinander über Körpersignale. Somit kommen wir zum dritten Punkt.

Die drei Säulen der Lust

Unsere Lust steht auf drei Säulen. Die drei Säulen der Lust sind: **Atem, Stimme und Bewegung**.

Säule Nr. 1. Der Atem

Unser Atem verteilt unsere Lust wie Sauerstoff in unserem Körper. Atmen wir flach, bleibt die Lust auch flach. Halten wir vor Aufregung kurz unseren Atem an, so bleibt auch unsere Lust an der Stelle stehen. Im Yoga gibt es viele Atemtechniken, die für dich interessant sein können. Die Yoga-Lehre entspringt dem Tantra, denn Yoga-Übungen wurden ursprünglich in diesem Kontext zur Steigerung der Lust entwickelt. Mit der Zeit zeigte sich, dass auch unsere mentale Gesundheit extrem davon profitiert. Klar, wer gesund ist und wessen Geist frei ist, kann auch Sex intensiver genießen. Yoga wird seitdem auch ohne sexuellen Hintergrund ausgeübt. Über den Atem kann also sehr viel gesteuert werden – auch unsere Erregung oder Entspannung. Ich gehe hier nur auf zwei Techniken ein, die für jeden auch ohne Yoga-Vorkenntnisse umsetzbar ist.

Beruhige zunächst deinen Atem. Das hilft, sich tiefer zu entspannen und Männer können auf diese Weise die Ejakulation verzögern. Mit einem beruhigten Atmen kannst du zuerst Entspannung erlangen und dann hast du zwei Möglichkeiten. Entweder verfolgst du die Richtung weiter und bist irgendwann so entspannt, dass du einschläfst oder du änderst die Atemtechnik zur sexuellen Erregung hin. Es ist einfacher, aus der Entspannung zur Erregung zu kommen als aus einer Anspannung. Denn die Anspannung zieht Blockaden und einen flachen Atmen nach sich, was wieder den Genuss bremst.

Die beruhigende Atemtechnik:

Hier atmen wir durch die Nase tief ein und durch den Mund langsam wieder aus. Das Ausatmen sollte dabei ungefähr doppelt so lang sein wie das Einatmen. Beim Ausatmen solltest du die Lippen entspannt zusammenrollen, als ob du bei einem Kind den Schmerz bei einer Verletzung wegpustest.

Die erregende Atemtechnik:

Diese soll den Erregungszustand fördern oder gezielt ansteuern. Viele kennen das Stöhnen bei Pornofilmen. Das hört sich zwar künstlich an, wirkt aber tatsächlich erregend auf unseren Körper.

Beim Einatmen ziehst du die Luft zwischen den Zähnen ein und erzeugst so ein langes „sssss". Wenn du versuchst, beim Einatmen ein stummes „s" auszusprechen, machst du es genau richtig. Und jetzt öffnest du den Mund und atmest mit „ha" aus. Also Einatmen –„ssss", Ausatmen – „ha". Das aktiviert unseren Körper beim Sex und erregt ihn.

Säule Nr. 2 die Stimme

Wir verstärken den Genuss mit leichtem Stöhnen oder mit einem Schrei beim Orgasmus. Denk einmal an Sportler, die mit einem Schrei einen Schlag oder einen Wurf ausführen – sie setzen ihre Stimme ein, um mehr Kraft herauszuholen. Das gleiche Prinzip funktioniert auch beim Sex. Dein Orgasmus wird verstärkt oder schneller aufgebaut und die Person neben dir genießt es, dabei zu sein. Ist es nicht wundervoll, wenn jemand so offen seinen Genuss zeigen kann? Aber bitte nicht künstlich stöhnen, sondern lass beim Ausatmen einfach deinen Genuss auf deiner Stimme entlanggleiten. Es soll so natürlich wie möglich sein. Die Laute sollen nicht blockiert werden, sie sollen herauskommen. Wenn du das noch nie gemacht hast, wird es dir am Anfang fremd vorkommen. Teste es zunächst für dich aus. Nachdem du beim Spielen mit dir selbst die ersten Töne für dich entfesselt hast, wirst du dich auch bald beim Sex mit deinem/r Partner/in nicht zurückhalten können.

Also stöhne, wenn es dir gefällt und schweige, wenn es dir nicht gefällt. Dein Partner/in wird versuchen, alles zu geben, um dir diese genussvollen Laute zu entlocken.

Und was, wenn die Berührungen nicht gefallen? – Dann zeig, was dir nicht gefällt oder unterbreche es sanft. Frauen müssen lernen, auch „nein" zu sagen.

Säule Nr. 3, die Bewegung

Wenn du mit deinem Körper auf eine Berührung reagierst, führt auch das zu einer Verstärkung der Lust. Reagiere mit dem Körper auf angenehme oder unangenehme Berührungen, dadurch vermeidest du unnötige Worte und damit unnötige Ablenkung beim Sex. Denn Worte beim Sex zerstören die sexuelle Energie, wenn sie nicht direkt zum Spiel gehören. Jedes ausgesprochene Wort nimmt Schwingungen raus. Stöhnen bedarf keiner Worte, es ist eine universale Sprache.

Ich erkläre es so: Worte enthalten Information, die unsere rationale Gehirnhälfte ansprechen. Unser Gehirn beginnt sofort mit Interpretation: Was wurde gesagt, welche Bedeutung trägt das Wort, welches Ziel und so weiter. Dieser Vorgang beschäftigt unseren Verstand und lenkt unseren Geist davon ab, sich hinzugeben. Da bleiben unsere Emotionen kurz stehen und geben der Logik den Vortritt. Durch dein Stöhne zeigst du nur, was dir gefällt, oder durch seine Abwesenheit, was nicht gefällt. Da braucht es keine weitere Information, was damit gemeint wurde. Das gleiche Prinzip gilt für Dirty Talk oder andere Sexspielarten. Da ist abgesprochen, dass jetzt das Spiel beginnt und alle Worte, die dort ausgesprochen werden, gelten der Erregung. Damit kann unser Gehirn auch gut arbeiten. Also keine Interpretation, kein Hinterfragen nötig. Hinhören und genießen.

REGEL NR. 4:
SYNCHRON ODER NACHEINANDER

Welche Berührungen passen am Anfang und wie entwickelt sich das Spiel zu dritt?

Jeder Dreier enthält drei Akte: das Vorspiel, den Höhepunkt und die Entspannung. Um in das körperliche Vorspiel hineinzukommen, empfiehlt sich zum Beispiel eine Massage. Du kannst wunderbar mit einer erotischen Fußmassage starten. Eine erotische Fußmassage ist einfacher zu lernen, als du denkst, und auch wenn Frauen so einer Massage eher zugeneigt sind, kann sie ebenso einen Mann in die höchsten Sphären des Genusses bringen.

Ich habe so eine erotische Massage für euch aufgenommen. Diese kannst du dir über einen Videokurs so oft anschauen und üben, wie du willst. Diese und andere Videokurse findest du immer aktuell auf meiner Seite www.inanna-ling.de.

Das Wichtige für die beiden Gebenden in einem Dreier ist, synchron zu bleiben. Denn unser Kopf schafft es eben nur, eine Berührung zu empfangen. Alles andere schaltet er aus oder dämpft es ab. Bei unterschiedlichem Rhythmus und unterschiedlicher Berührungsstärke konzentrieren wir uns am Ende nur auf die Berührung, die uns in diesem Augenblick am angenehmsten erscheint. Bei gleichzeitigen, synchronen Berührungen wirken beide Berührungen als Lustverstärker auf die empfangende Person, egal, ob Mann oder Frau.

Aber man kann doch nicht alles synchron berühren, möchtest du vielleicht einwenden. Ja, das stimmt, deswegen folgender Tipp von mir: Die Körperteile, die wir doppelt besitzen – also beide Füße, beide Beine, beide Hände, beide Arme, die Brüste, beide Ohren und sogar beide Augen – können von zwei Personen gleichzeitig und synchron berührt werden. Die dritte, empfangende Person wird dadurch eine Verstärkung ihrer Lust spüren. Aber die Teile, die wir lediglich einmal besitzen wie Kopf, Bauch, Genitalien, werden bei einem Dreier nacheinander berührt. Geht dabei mit euren Berührungen stets kontinuierlich von unten nach oben oder eben umgekehrt, um die sexuelle Energie durch eure Berührungen von unten aus dem Genitalbereich nach oben zum Kopf oder umgekehrt vom Kopf herunterzuschicken. Eine/r von beiden Gebenden sollte aktiver sein und der/die andere mit weniger intensiven Berührungen unterstützen. Ihr erzeugt auf diese Weise sogenannte Sende- und Empfangsstellen im Körper des Empfängers. Und Personen, die es tun, werden zu Sender und Empfänger. Dann ändert ihr die Energierichtung, aber bleibt am Anfang die gleichen Personen an der gleichen Stelle. Ich erkläre es euch an einem Beispiel, damit ihr es euch besser vorstellen könnt. Es ist, als ob man Plus und Minus bei einer

Stromleitung ändern würde. Plus wird zum Minus und Minus zum Plus. Die Stromrichtung kehrt um.

Wie fängt man am besten an?

Zunächst ein genereller Tipp: Ich selbst trinke kaum Alkohol und empfehle deswegen so wenig wie möglich Alkohol ins Spiel zu nehmen. Alkohol senkt zwar die Hemmschwelle, aber zugleich stumpft er auch unsere Sinne ab. Wir können dadurch weniger über unsere Haut spüren und demzufolge auch weniger Genuss erleben. Alkohol stumpft darüber hinaus oft sowohl unsere Gefühle als auch unsere Empfindungen ab. Er unterscheidet nicht. Wenn du dich allerdings auf ein Glas beschränken kannst, um die Hemmung abzubauen, aber trotzdem sensibel zu bleiben, kann es für dich für das erste Mal genau das Richtige sein.

Gehen wir nun mal von einer MMF-Konstellation für den Dreier aus: Die Männer können die Frau zu einer Fußmassage einladen, denn fast jede Frau streckt sofort ihre Füße aus, wenn sie eine bekommen kann. Dann beginnt das Spiel. Wenn nur einer von den dreien diese Massage beherrscht und der andere sich anpassen kann, ist das schon die halbe Miete. Die Berührungen sind leicht nachzuahmen und deswegen können auch Ungeübte sie schnell beim Zuschauen lernen. Damit fangen Männer nicht nur an, die Frau zu verwöhnen, sondern beginnen damit auch, sich aufeinander einzustimmen, denn bei einem

Dreier ist Teamarbeit ein enorm wichtiger Teil. Ohne Teamwork kann es ganz schön schiefgehen. Darauf gehe ich für MMF detaillierter im MMF-Kapitel ein.

Bei der richtigen Ausführung achten die Männer auf Resonanz. Wie gefällt es ihr? Wandert gleichzeitig rechts und links seitlich von der Frau, mit synchronen Berührungen zu ihren Händen und Armen, die direkt auf dem Weg nach oben liegen. Weiter oben könnt ihr synchron zu ihren Brüsten gehen und wieder mit euren Händen oder mit dem Mund synchron die Brüste verwöhnen. Die Variationen für Brustberührungen könnt ihr euch frei ausdenken. Wenn die Frau es vor Lust kaum aushalten kann, wandert ein Mann nach unten zwischen ihren Beinen und der andere nach oben zu ihrem Kopf.

Ist sie noch nicht kurz davor, vor Lust zu schreien, fängt der Mann am Kopf an, die Haare vom Nacken bis zur Stirn durchzustreicheln und manchmal sanft an den Haaren zu ziehen. Er kann sie intensiv küssen und ihrem Kopf viel Aufmerksamkeit schenken, während der untere Mann nur die Hand an ihre Yoni (die weibliche Rose, Mimi, Lilie usw.) hält und nur leichte, unterstützende Berührungen ausführt. So, als ob der von oben die Signale durch den Körper nach unten senden und der untere mit der Hand bestätigen würde, dass er sie empfangen hat.

Lasst auf keinen Fall eure Finger während des Vorspiels in sie gleiten, wenn die Frau es selbst nicht klar und deutlich verlangt oder eure Finger mit ihrer Hand selbst reinsteckt. Denn in dem Augenblick, in dem sich die Aktivitäten nach unten verlagern, geht der obere Mann auf Empfang und der Untere wird aktiv. Dann darf er sein Können unter Beweis stellen.

Er intensiviert seine Berührungen mit Händen und Zunge und sendet die Energie wieder zurück zum Kopf. Der obere Mann wird daher passiver und hält den Kopf, vielleicht streichelt er sie, aber wenn, dann nur ganze dezent. Für das Danach will ich euch keine Vorschriften machen. Sobald die Frau richtig auf Hochtouren ist, haben beide Männer etwas davon. Der Genuss kennt dann keine Grenzen, solange beide Männer mitmachen können.

Zusammenfassung:

Beim Vorspiel werden synchrone Berührungen bevorzugt und wirken als Verstärker. Diese sind bei unseren doppelten Körperteilen sinnvoller: Beine, Arme, Ohren, Brüste. Die anderen Körperteile werden nacheinander bearbeitet, als wäre es eine Kommunikation zwischen Sende- und Empfangsstation. Die Personen, die es ausführen, werden jeweils zu Sender und Empfänger. Am besten fangt ihr zunächst mit einer erotischen Fußmassage an. Diese könnt ihr auch als Videokurs auf meiner Webseite herunterladen.

REGEL NR. 5: TEAMFÄHIGKEIT

Einer führt, der andere passt sich an.

Teamarbeit ist vor allem bei MMF eine der entscheidenden Komponenten. Sind die Männer teamfähig, werden kleinere Fehler zwischendurch nicht mal wahrgenommen. Konkurrenzverhalten ist hier fehl am Platz. Ihr alle wollt den Dreier voll erleben und deswegen sollten wie bei einem guten Team alle miteinander verschmelzen, um das gemeinsame Ziel zu erreichen. Normalerweise übernimmt der Partner der Frau zunächst die Führung, weil er seine Frau oder Freundin ab besten kennt – vorausgesetzt natürlich, es handelt sich bei dem Dreier um ein Paar und eine weitere Person und nicht um drei Singles. Dennoch gibt es auch Kombinationen, bei denen der Partner noch ziemlich passiv oder unerfahren ist und da kann auch der Gast die Führung übernehmen. Aber diese muss vom Partner der Empfangenden freiwillig abgegeben werden, um das Ziel Genuss für alle zu erreichen. Ist ein Paar generell unerfahren, weil es das erste Mal einen Dreier wagt, sollten sie einen erfahrenen Gast einladen. Das lässt sich im Voraus im Chat oder bei einem Gespräch schnell herausfinden. In diesem Fall sollte der Partner sein Ego zurückstellen und den Start zuerst dem erfahrenen Gast überlassen und von ihm lernen.

REGEL NR. 6: DIE LUST STEHT IM MITTELPUNKT

„Ich habe mehr Rechte und deswegen sollte ich zuerst drankommen", spricht das Ego in uns, wenn ein Paar in einen Dreier einsteigt. Diese Denkmuster zerstören die Atmosphäre für einen Dreier. Denn in einem Dreier gibt es kein Ich mehr. Es gibt nur wir. Wir sollten daher alle Bindungen für die Spielzeit ablegen und uns nur um gemeinsame Lust kümmern, am besten um die eigene Lust, um sie mit anderen teilen zu können. Wir können die Lust verdreifachen, wenn sie auch bei allen drei vorhanden ist. Dreifach bedeutet 1 x 3. Spüre ich mehr Lust als andere im Dreier-Spiel, versuche ich, die anderen damit anzustecken oder mich geduldig und liebevoll um die anderen zu kümmern, damit sich unsere Lust sich angleicht. Diese Regel stammen auch aus Tantra-Ritualen. Dort heißt es, dass jeder sich zuerst um die eigene Lust kümmern muss und auf keinen Fall für die Lust der anderen zuständig ist. Das verhindert eine falsche oder verzerrte Erwartungshaltung und auch Schuldgefühle. Denn niemand soll sich für meine Lust verantwortlich fühlen, ebenso wie ich mich nicht für die Lust der anderen verantwortlich fühlen sollte.

Aber ich kann sie mit meiner Lust und meinem Genuss anstecken, begeistern und inspirieren, wenn ich selbst genug davon habe oder wenn ich weiß, wie es geht. Damit reicht es, wenn einer im Dreier diese Kunst beherrscht oder erfahren darin ist. In diesem

Fall übernimmt er oder sie die Führung in einem Dreier, unabhängig von den Bindungen, die vor und außerhalb des Spiels bestehen. Ego und Ansprüche auf die Alleinstellung sind hier fehl am Platz. Wenn ein anderer es besser versteht und es vorführen oder vorzeigen kann, werden alle davon profitieren. Alles soll, im Namen der Lust für alle drei, angenommen werden. Bis zum Ende des Spiels bleibt ihr eine Einheit, erst danach werdet ihr wieder zu Individuen und kehrt in eure Bindungen zurück. Im Tantra gibt es dafür Feuerrituale, mit denen alle Bindungen für die Zeit des Rituals abgelegt und symbolisch verbrannt werden.

REGEL NR. 7:
EIFERSUCHT BEIM DREIER IST FEHL AM PLATZ

Was, wenn die hinzukommende dritte Person mich in dem Augenblick mehr anzieht als mein/e Partner/in? Was, wenn er/sie doch besser wird als ich? Was, wenn sie/er mir besser gefällt als mein/e Partner/in? Ist das normal? Bin ich noch in Ordnung? Was wird mein/e Partner/in darüber denken?

Diese oder ähnliche Fragen schießen uns durch den Kopf, sobald wir uns gedanklich mit einem Dreier beschäftigen oder direkt davor stehen, ihn zu verwirklichen. Aufgrund dieser Befürchtungen wird meist doch lieber die Flucht gegriffen. Es wird schlicht und einfach kurz vor dem Treffen abgesagt. Vielleicht ein anderes Mal, beruhigen wir uns, aber das nächste Mal passiert es wieder. Somit bleibt der Dreier in vielen Fällen nur ein unerfüllter Traum. Diese Gedanken sind normal. Gehen wir diesen auf den Grund, werden sie sich jedoch schnell in Luft auflösen.

Warum haben wir Angst? Sind wir eifersüchtig, befürchten wir, etwas zu verlieren. Tatsächlich aber haben wir Angst vor der Konkurrenz. Angst vor der Konkurrenz bedeutet, dass wir vor allem an uns selbst zweifeln. Je weniger Selbstvertrauen, desto schlimmer wird die Eifersucht. Aber was genau könnten wir bei einem Dreier verlieren? Die Freundin, die Frau oder den Mann, die uns diesen ermöglicht haben? Wird er/sie uns in dem Fall verlassen, da der andere doch besser ist? Sollte es tatsächlich dazukommen, war der Riss in der Beziehung schon vor dem Dreier vorhanden. Aber um jemanden verlassen zu wollen und zu können, gehört mehr dazu als nur körperliches Vergnügen.

Wir betrachten erst einmal den Fall, dass es uns mit der/dem anderen besser gefällt. – Was hat das zu bedeuten? Nichts. Es ist ähnlich wie beim Essen. Wenn du lange nur Süßes gegessen hast, willst du etwas Herzhaftes, es muss nicht zwangsläufig besser schmecken, einfach anders. Aus dem Grund betrachte solche Gefühle einfach als anders und neu, ohne Wertung. Nebenbei erwähnt belegen wissenschaftliche Forschungen, dass die Produktion des Bindungshormons Oxytocin mit der Zeit beim eigenen Partner abflacht. Nach einer Affäre oder einem Erlebnis mit einer anderen Person wird die Oxytocin-Produktion gegenüber dem eigenen Partner verdoppelt oder sogar verdreifacht im Vergleich zu dem Stand in den ersten Jahren des Kennenlernens. Deswegen kann man Dreierspiel nicht als Fremdgehen betrachten, eher als Erfrischung der eigenen Partnerschaft, solange das Spiel nicht einer Ersetzung, sondern einer Ergänzung dient.

Und wenn doch eine/r besser sein sollte als du oder dein/e Partner/in, dann finde heraus, was er/sie besser kann und lerne es. Lerne von der/dem Erfahreneren, anstatt eifersüchtig zu sein. Einen besseren Workshop, der auch noch Spaß bereitet, kann man sich gar nicht vorstellen. Ein Dreier wird damit zum Erlebnis für alle Beteiligten und zur Erweiterung des Sexuallebens in einer Partnerschaft.

MMF (MANN^2 + FRAU)

In diesem Abschnitt gehe ich auf die spezifischen Merkmale des MMF-Dreiers, des Sandwiches und der Doppelpenetrierung in verschiedenen Ausführungen ein. Worauf ihr dabei achten solltet, seelisch wie körperlich. Wann ihr anfangen und wann ihr aufhören solltet.

Bei MMF wird grundsätzlich zuerst die Frau verwöhnt, solange bis sie selbst signalisiert, dass ein Wechsel stattfinden kann. Wir beginnen mit den Orten, an denen ihr Partner für einen Dreier finden könnt.

WO?

Am schnellsten könnt ihr MMF natürlich in einem Swingerclub erleben. Zunächst empfiehlt sich, Themenabende zu besuchen und auf jeden Fall auf die oder den Veranstalter zu achten. Gute Veranstalter achten auf ihr Publikum und das Niveau ihrer Gäste. Das könnt ihr über Bewertungen, Themenbeschreibungen und den Dresscode in Erfahrung bringen. Im Idealfall könnt ihr auf die Empfehlung von euren Bekannten oder vertrauten Personen aus der Szene zu bestimmten Veranstaltern zurückgreifen.

Eine andere Möglichkeit bieten Plattformen wie Joyclub: Ihr könnt in unterschiedliche Gruppen wie

Dreier, HÜ (Herrenüberschuss), GangBang-Gruppen oder Gruppensex eintauchen. Warum dort? Weil in diesen Gruppen die Wahrscheinlichkeit, einen geeigneten Mann für ein Dreier zu finden, größer ist als auf der Straße, im Bekanntenkreis oder bei anderen Gruppen. Der Wunsch nach einem Dreier ist weit verbreitet, aber wenn bei einem Mann die Angst zu versagen eingeschaltet wird, ist sämtliches Vergnügen dahin. Für einen Dreier sollten erfahrene Männer eingeladen werden. Er kann ruhig Erfahrung in Sachen Sandwisch und Doppelpenetrierung mitbringen. Sollte die Frau mitten im Spiel den Wunsch äußern, kann er direkt darauf reagieren.

Wie einen Dreier beginnen?

In einem Club spielt ein Paar auf der Wiese. Wenn sie sich nicht in einem Zimmer eingesperrt haben, haben sie kein Problem mit Zuschauern. Für das Paar ist es einfacher, aus den Zuschauern einen Mann heranzuwinken, sobald der Mann des Paares merkt, dass seine Frau bereit wäre. Er kann es am besten einschätzen. Für Männer gilt: Erst einmal zuschauen und genüsslich beobachten, wenn ein Pärchen das Interesse weckt. Am unangenehmsten sind aufdringliche Männer. Beobachtet und wenn ein Paar unsicher ist, holt euch beim Mann des Pärchen mit einem Blick die Genehmigung zur Berührung. Denn bei einem Pärchen entscheidet grundsätzlich der Mann. Es gibt Ausnahmen, die eher bei erfahrenen

Paaren auftreten. Da kann es passieren, dass die Frau mit ihren Händen nach zusätzlichen Reizen sucht.

Hat das Paar einen Gast gefunden, kommen die Grundregeln von oben zur Anwendung. Wenn ein Gast sich nicht anpassen kann und die Frau auf seine Berührungen schlecht reagiert, reicht im Swingerclub ein simples Zeichen, um ihn wieder wegzuschicken. Denn wenn er sich nicht entfernt oder sich nicht benimmt, werden die Clubbesitzer ihn auf die schwarze Liste setzen und er darf den Club nicht mehr betreten. Das sind die besten Erziehungsmaßnahmen, denn mit einem schlechten Ruf überlebt der Club nicht.

Sitzt ein Paar im Club an der Bar, das deine Aufmerksamkeit weckt, findest du im Smalltalk schnell heraus, wie das Paar zu einem weiteren Spieler steht. Du kannst zum Beispiel eine erotische Fußmassage zum Einstieg anbieten. Wie gesagt lieben die meisten Frauen es, wenn die Männer sich geschickt um ihre Füße kümmern, vor allem wenn sie Stöckelschuhe tragen. Da bietet es sich an, für den Einstieg die Schuhe zu bewundern und zu fragen, ob die Füße eine Entspannung brauchen. Dann liegt es tatsächlich in deinen Händen, wie du diese Massage angehst.

Wie zuhause einen Dreier einleiten?

Zuhause gilt eine ähnliche Vorgehensweise, nur dass der Smalltalk über die Bereitschaft zum Dreier wegfällt.

Smalltalk zu Hause

Dagegen kann der erste Smalltalk auf unterschiedliche positive Erlebnisse gelenkt werden, wie den nächsten oder letzten Urlaub, das letzte oder schönste Sexerlebnis, damit unsere Gedanken auf Entspannung ausgerichtet werden. Auf keinen Fall sollte über Politik, Fußball, Autos etc. geredet werden – als Frau will man gleich weggehen und die Männer allein mit ihren Themen lassen.

Übergang zur Aktion

Bei einem MMF-Dreier wird zuerst die Frau verwöhnt, und zwar solange, bis sie ihre Bereitschaft zu mehr zeigt. Ein mögliches Anzeichen ist, dass sie locker auf dem Rücken liegt, keine Verkrampfungen zeigt und langsam ihre Beine öffnet. Das ist ein Zeichen für Vertrauen und den Wunsch nach mehr. Werden die Männer aber dann zu übermotiviert, schließt sie sich wieder. Deswegen Männer, achtet bitte darauf, wie entspannt die Frau ist und beachtet auch ihre Beinstellung. Für den Übergang zum Vorspiel, noch beim Sitzen am Tisch, kann der Partner der Frau zuerst hinten durch die Haare fahren. Berührungen am Nacken lösen oft eine Gänsehaut aus. Bei meinen Berührungsseminaren üben wir in einer Gruppe, wie sich unterschiedliche Berührungen anfühlen und welche Energie verschiedene Menschen mit ihren Händen übertragen. Wie fühlt sich der andere Körper ohne Geschlechtsverkehr an? – ein Erlebnis, das zu Hause kaum möglich ist.

Also: Berührungen vor dem Spiel sind wichtige Impulse. Bekommt die Frau schon beim Smalltalk Gänsehaut, will sie mehr spüren. Dann kann sie zum Bett oder zum Spielplatz oder auf den Fußboden eingeladen werden, wenn der vorher vorbereitet wurde. Ist sie noch schüchtern und unsicher, ist der Einstieg mit der erotischen Fußmassage wieder angesagt. Nebenbei erwähnt habe ich diese Anleitung aus der Tantra-Lehre. Ich fand diese erotische Fußmassage so toll, dass ich sie in mein Repertoire aufnahm. Denn manche Teile der Massage können beinah in jeder Umgebung, sogar in der Disko gemacht werden. Frauen strecken ihre Füße zu gern für eine Massage aus.

Diese Massage sollte von beiden Männer synchron ausgeführt werden. Sie können dann von den Füßen aus bis zu den Schenkeln und weiter gehen. Wenn du dich gut mit erogenen Zonen auskennst, wird kein Halten mehr für dich geben. Wenn du dich noch nicht so gut auskennst, achte nur auf die Reaktionen der Frau. Gehen die Beine auseinander, ist eure Beherrschung angefragt. Einer kann dann zum Kopf gehen und der andere bleibt unten. Ab jetzt überlasse ich das Spiel euch. Ein kleines Büchlein über unsere erogenen Zonen könnte ich bei genügend Anfragen schnell rausbringen. Seminare darüber gebe ich auch hin und wieder.

Wie in ein anderes Spiel übergehen?

Es kommt oft vor, dass beim Hauptspiel die Frau ihre Bereitschaft auf ein Sandwich, zu doppelvaginaler oder sogar doppelanal Penetration signalisiert oder einer der Männer sich damit auskennt und ihr es anbietet.

Worauf muss dabei geachtet werden? Kondome sind dabei besonders wichtig, vor allem wenn es von Anal- zu Vaginalsex wechselt. Da dürfen Bakterien von hinten nicht nach vorn gelangen.

Sandwich

1. Für das Sandwich gibt es nicht viele bequeme Stellungen, dennoch ist es ein Klassiker. Ein Mann liegt unten, die Frau setzt sich auf ihn vom Gesicht zum Gesicht und der andere Mann gleitet von hinten in sie – egal, ob anal oder vaginal. Die Stellung ist beide Male gleich.

2. Ich empfehle dünneren Männern nach unten zu gehen, dann ist es für die Frau bequemer und der Mann oben kann entspannter in sie gelangen.

3. Beide Männer dürfen keine Berührungsängste besitzen, denn der obere Mann drückt mitunter die Beine vom unten liegenden Mann zusammen. Die Frau lehnt sich mit ihrem Körper nach vorn. Sie liegt mehr oder weniger auf dem unteren Mann, während er in ihr ist. Der untere Mann bleibt still, während der Obere viel Geduld mitbringen muss,

vor allem wenn die Frau Analverkehr noch nicht gewöhnt ist.

4. Der obere Mann sollte für Analsex zu Beginn viel wasserbasiertes Gel nutzen. Ölbasiertes Gel oder Öl löst Latex auf und das Kondom kann dadurch platzen. Es gibt dickflüssiges Gel, das sich gut für Analverkehr eignet.

5. Zuerst kann der obere Mann mit einem Finger und Gel langsam am Eingang des Anus spielen und die Reaktion der Frau beobachten. Macht sie keine ruckartigen Bewegungen, weil es ihr unangenehm ist, darf er tiefer mit seinen Fingern in sie eindringen. Passt ein Finger rein und die erwartete luststeigernde Reaktion kommt, kann der zweite Finger ins Spiel kommen. Der Zweite darf dabei nicht gleich dem Ersten folgen, sondern sollte zunächst am Eingang verharren und sich langsam und stetig vorwagen. Erst wenn die Frau signalisiert, dass sie keine Schmerzen empfindet, darf der Penis langsam rein.

6. Obwohl der Finger schon im Anus waren, sollte der Penis dennoch langsam eindringen. Es gibt im Po zwei Schließmuskeln. Kommt man durch den Ersten ganz vorn durch, sollte man sehr langsam und extrem vorsichtig den zweiten Schließmuskel passieren und immer wieder auf Gleitgel achten, sodass es nie trocken wird. Der zweite Schließmuskel lässt sich leichter passieren, wenn

der Mann kleine Bewegungen hin und her, rein und raus machen kann. Diese sollten wie ein kleines Hallo am zweiten Schließmuskel ankommen, bis er sich von allein öffnet. Deswegen ist hier Geduld von den Männern gefragt. Hat der Penis den zweiten Schließmuskel durchdrungen, kann intensiver vorgegangen werden. Die Frau zeigt schon von sich aus, wie intensiv sie es haben will. Der untere Mann bleibt erstmal passiv und fühlt die innere Bewegung des anderen. Wenn beide Männer geschickt sind, können sie ihre Bewegungen harmonisch anpassen, sodass sie sich gegenseitig ergänzen, statt miteinander zu konkurrieren.

Doppelvaginal

Doppelvaginal ist sehr stark von der Struktur der weiblichen Vagina abhängig. Ob sie näher zum Po liegt oder näher Richtung Bauchnabel. Der zweite wichtige Faktor ist, wie groß der Eingang ist und wie entspannt die Frau beim Dreier sein kann. Es spielt dabei keine Rolle, ob sie dünn oder dick ist und ob sie Kinder geboren hat oder nicht. Die Struktur der Rose bleibt die Gleiche. Ich und mein Mann haben schon Frauen getroffen, die jung, dünn und kinderlos waren, aber es sehr gern doppelvaginal hatten. Und umgekehrt auch Frauen, die zwei und mehr Kinder zur Welt gebracht hatten, aber dennoch Schmerzen bei doppelvaginalem Verkehr empfanden, weil es einfach zu eng für zwei war. Das musst du ausprobieren! Beobachte die Reaktion der Frau bzw. bei dir selbst und erst dann entscheide, ob es geht. Die Frau sollte in jeder Situation den Akt unterbrechen können, wenn es nicht mehr geht.

Doppelanal

Das ist eher etwas für erfahrene Paare, die schon verschiedene Varianten kennen und bei denen die Frau problemlos ihre Pomuskulatur entspannen kann und sehr viel Lust empfindet. Auch in diesem Fall muss für den Analverkehr viel Gleitgel genommen werden. Denn im Gegensatz zur Vagina kann der Anus nicht „feucht" werden und so auch nicht die Penetration erleichtern. Aber es gibt auch viele Frauen, die vaginal nicht ausreichend feucht werden. Keine Sorge, das ist völlig in Ordnung. An der Stelle eignet sich wasserbasierte Gleitgel auch sehr gut.

Beim Doppelanaler kann die gleiche Stellung wie beim Sandwich genutzt werden oder die Frau dreht sich mit Rücken zum Gesicht des unteren Mannes, sodass sie dem Oberen in die Augen schauen kann. Je nach Position der Vagina wird auch der Po in der einer oder anderen Stellung besser erreichbar sein.

FFM (FRAU² + MANN)

Bei FFM gelten ganz andere Startgrundregeln:

Schon beim Kennenlernen oder Aussuchen einer Frau für das FFM-Erlebnis sollte von Anfang an die Frau des Paares aktiv werden. Denn die Frau muss mit der anderen Frau harmonieren können und für einen Dreier sollte sie erotische Anziehung ausstrahlen. Was ist das sonst für ein Spiel, wenn die Frauen sich von vornherein nicht berühren wollen? Die Regeln zur Verschmelzung aller Beteiligter zu einem WIR gelten auch bei dieser Dreier-Konstellation.

1. Frauen dürfen keine Konkurrentinnen für einander darstellen. Dieses Vertrauen müssen die Frauen unter sich gewinnen. Und deswegen gilt für Paare, dass die Frau eine andere Frau aussucht.

2. Beim Start des Spiels sind zuerst die Frauen gefragt. Sie sollten lernen, sich zu fühlen und nicht den Fehler machen, sich wie Männer zu benehmen. Was ich in Clubs schon beobachten konnte: Frauen griffen auf typisch männliche Berührungen wie „Bermudadreieck" oder auf „Sendersuche" zurück: Erst werden beide Brustwarzen hin und her gedreht und anschließend unten nachgeschaut, ob es feucht ist. Das ist abstoßend und uns Frauen gefällt doch

auch nicht, wenn die Männer sich nur auf die drei Teile unseres Körpers fixieren. Nehmt euch im Ganzen wahr und verwöhnt euch. Legt zum Beispiel die Hände der anderen Frau auf euren Körper und spürt, wie anders sich das anfühlt. Denn weibliche Hände fühlen sich ganz anderes als männliche. Das sollten Frauen nutzen. Sie sollten ihren Körper im Ganzen genießen und auf eindeutige Signale der anderen Frau achten, ob sie ihre Finger bei sich tiefer spüren will oder nicht. An dieser Stelle muss ich keiner Frau erklären, wie sie es fühlen können. Frauen wissen, was ich meine.

3. Der Mann darf dieses liebevolle Spiel beobachten und wartend genießen. Denn sobald die Frauen miteinander verschmolzen sind, werden sie ihn mit einer Geste einladen oder ihn gemeinsam zu sich heranziehen. Sie agieren dann wie eine Einheit. Sie können plötzlich verspielt wie zwei Kätzchen sein und zusammen den Mann herausfordern. Sie können mit seinem Orgasmus spielen und ihn nicht zum Schluss kommen lassen.

4. Männer sollten körperlich wie geistig fit sein, bevor sie sich auf zwei Frauen einlassen. Aufgeheizte und unbefriedigte Frauen sind für den Mann nicht vorteilhaft. Wenn er nicht mehr kann, könnte es sein erster und letzter Dreier mit den zwei Frauen sein. Die Frauen schaffen es locker, sich zu befriedigen, auch wenn er das nicht mehr kann. Aber sie werden schnell merken, dass er nicht

geeignet für ein Dreier ist und werden in Zukunft Ausreden suchen ihm dafür aus dem Weg zu gehen.

5. Männer sollten mehr als nur ihren Penis zu bieten haben. Das heißt: Benutzt eure Finger und eure Zunge und werdet kreativ. Denn wenn der Freund unten beim Mann versagt, darf das Spiel deswegen nicht unterbrochen werden. Man kann spaßig und verspielt mit Zunge oder Fingern an die Sache rangehen.

6. Ein Mann erkennt daran, ob der Abend gut gelaufen ist, wenn beide Frauen sich nach dem Spiel an ihn anschmiegen. Wenn beide Hände ihn nach dem Spiel aus Dankbarkeit leicht berühren.

FRAGEN, DIE MIR BEI LIVESTREAMS VON ZUSCHAUERN GESTELLT WURDEN:

Die Frau, die wir eingeladen haben, will zuerst nur bei unserem Spiel zuschauen. Was bedeutet das und wie sollen wir damit umgehen?

Wenn eine fremde Frau zuerst zuschauen will, ist sie unsicher. Da fehlt ihr Vertrauen gegenüber dem Paar, deswegen will sie zunächst zuschauen und dann entscheiden, ob sie einsteigt. Das ist ein schlechtes und ein gutes Zeichen zugleich. Das Schlechte, da ihr ihr im Gespräch vorher kein Vertrauen vermitteln konntet und sie vielleicht noch nicht bereit ist. Eine Frau spürt auch, ob das Dreierspiel von einem Mann initiiert wurde und die Frau einfach nur mitspielt oder ob beide es wollen.

Die gute Nachricht aus diesem Verhalten ist, dass sie euch noch eine Chance geben will.

Ganz anders sieht es aus, wenn die eigene Frau zuerst den Akt vom Mann und der fremden Frau anschauen möchte. Die Gründe sind hier ganz verschieden: Sie hat genug Aufmerksamkeit von ihrem Mann erhalten und will dass er diese jetzt der anderen Frau zuerst schenkt. Das gönnt sie ihr wie ihm. Sie wird beim Zuschauen selbst heiß und steigt unauffällig ins Spiel ein, sodass die andere Frau sich dabei sehr wohl fühlt. Die Fremde fühlt das Vertrauen, dass der Mann in Anwesenheit der eigenen Partnerin sich um sie kümmert und kann sich entspannen und fallen lassen. Wenn sie bis dato noch nie eine Frau an ihrem Körper gefühlt hat, eignet sich der dezente Einstieg der Frau in den Dreier umso mehr.

Müssen Männer bei MMF bi-veranlagt sein?

Nein, es kann aber passieren, dass in einem Dreierspiel unerwartete Wünschen nach Berührung eines Mannes aufkommen können oder ein Mann vom anderen bewusst berührt wird. Solange Offenheit und Experimentierfreudigkeit besteht, ist alles erlaubt, was Spaß macht und legal ist.

Lass dich von daher überraschen. Vorteilhaft ist natürlich, wenn Bi-Neigungen vorher angesprochen werden, soweit sie vorhanden sind.

Alle andere Fragen habe ich im Buch erklärt.
Hast du noch eine Frage übrig, dann schreib mir an mail@inanna-ling.de

SCHLUSSWORT

Ein Dreierspiel ist die am weitesten verbreitete Fantasie, doch das Kopfkino hat sehr oft nichts mit der Realität zu tun. Die Entscheidung, es zu erleben, beginnt im Kopf. Dann bespricht man es mit dem eigenen Partner und trifft zu zweit eine Entscheidung. Auch alle Bedenken und das Thema Eifersucht sollten vorher besprochen werden, ebenso mögliche Ausgänge, falls Reaktionen doch unerwartet heftiger oder anders als angenommen ausfallen. Darauf möchte ich wetten. Deswegen gleich alle Varianten durchsprechen, sodass niemand beleidigt oder vorwurfsvoll aus dem Dreier geht. Alles, was du erlebst und fühlst, sind deine Empfindungen, die, wenn die dritte Person weg ist, genauer besprochen werden sollten. Vor allem möglicher seelischer Schmerz, der in den meisten Fällen Frauen härter trifft als Männer. Auch solltet ihr in Betracht ziehen, was geschieht, wenn er oder sie sich anders verhält oder anfühlt als gedacht. Wie könnt ihr diplomatisch das Spiel beendet?

Gebt euren Traum nicht gleich auf, wenn es nicht auf Anhieb klappt. Es konnte auch niemand gleich Fahrrad fahren. Also probieren, analysieren, schöne Dinge merken und ausbauen.

Viel Glück beim Ausprobieren.
Eure Inanna

ÜBER DIE AUTORIN

Ich forsche zur Macht unserer Sexualität.

Im Jahr 2012 beendete ich meine eineinhalbjährige
Tantra-Lehrer-Ausbildung. Das Wissen, das mir dort
vermittelt wurde, ließ jedoch viele neue Fragen in mir
aufkommen.

Wie funktioniert unsere Sexualität tatsächlich?
Wo könnte ich verschiedene Annahmen darüber
ausprobieren, wo beobachten? 2011 begann ich noch
während meiner Ausbildung meine langjährige
Praxiserfahrung zu kanalisieren und selbst Seminare
zu Fragen über unsere Sexualität zu geben.
Die Tantra-Seminare, die ich seit 2013 gebe, sind

regelmäßig ausgebucht. Jedes Seminar folgt einem anderen Themenschwerpunkt. Dafür fand ich passende Teilnehmer, die bereit waren, in die Tiefe ihrer Sexualität einzutauchen, um selbst die Macht ihrer Sexualität zu spüren. Mit jedem Seminar lernte ich selbst aber auch dazu.

Um meine Erkenntnisse zu überprüfen, meldeten mein damaliger Freund und ich uns bei verschiedenen erotischen Veranstaltungen an denen zwischen 500 und 1.700 Menschen teilnahmen.
Es war spannend und auf jeder dieser Veranstaltungen habe ich viel beobachtet und erfahren können. Alles habe ich in einer Art Analyse zusammengefasst. Menschen vertrauen mir spontan, fühlen sich verstanden und trauen sich, locker mit mir über ihre tiefsten Bedürfnisse zu sprechen.

Ich biete persönliche Coaching, das ich auf keinen Fall Sexualtherapie nennen möchte. Therapie ist ein Begriff, der eine Krankheit voraussetzt. Der Wunsch nach einem erfüllten Sexleben ist essenziell! Bei meinem Coaching kläre ich die Missverständnisse auf, die Menschen zu ihrer Sexualität aufgebaut haben. Ich höre zu, berate und zeige Möglichkeiten, die eigene Sexualität frei auszuleben.